아침편지 고도원 선생님이 전하는
초등학생 때 부모님을 기쁘게 해드리는 17가지

아침편지
고도원 선생님이 전하는

초등학생 때 부모님을 기쁘게 해드리는 17가지

고도원 엮음 | 에듀팅 그림

머리말

여러분, 행운아가 되세요

우리 친구들은 어떤 때 기쁜가요?

맛있는 것을 먹을 때? 공부를 열심히 해 성적이 올랐을 때? 아니면 마음에 드는 남자친구나 여자친구를 만났을 때?

그런데 좋은 일이 생길 때마다 우리 친구들과 함께, 아니 어쩌면 우리 친구들보다 더 좋아하는 분이 계십니다. 바로 부모님이지요. 우리 친구들을 낳아 주시고, 잘 길러 주시는 부모님이오.

저도 여러분 나이 때는 부모님이 계셨습니다. 항상 제 뒤에서 든든한 방패막이 되어 주셨고, 때론 눈물이 쏙 빠지게 야단도 맞았습니다. 그런데 지금은 아버님, 어머님 모두 하늘나라에 계시답니다. 아무리 그리워해도 밥 한 숟가락 입에 넣어 드릴 수가 없습니다.

　　이제 우리 친구들도 자라면 진학도 하고, 어른이 되고, 결혼을 하면 부모가 될 것입니다. 그때가 되어서야 부모의 심정을 이해한다고 하니, 우리는 많은 시간을 부모님의 은혜에 대해 잘 모르고 지내는 것은 아닌가 하는 생각도 듭니다.

　　그래서 초등학생 때 부모님을 기쁘게 해드릴 수 있는 일이 무엇이 있을까 생각해 보았습니다.

부모님은 큰 걸 바라지 않습니다. 여러분이 건강하기만 해도 기뻐하시고, 손 한번 잡아 드려도 기뻐하십니다. 또 아빠의 구두를 구두코가 반짝이게 닦아 드려도 기뻐하십니다.

세상에서 제일 사랑하는 사람을 기쁘게 할 수 있다면 이 또한 기쁜 일이 아닌가요? 하늘의 구름에 올라탄 듯 기분이 좋아질 것입니다.

우리가 가장 사랑하고, 소중하게 여기는 부모님에 대해 하루라도 빨리 알아 보고 행동할 수 있다면, 그 사람은 행운아라고 생각합니다. 너무 늦게 부모님의 은혜를 깨닫고 후회하는 사람들도 많으니까요.

'아침편지'를 쓰고 있는 이 아저씨는 여러분이 '행운아'가 되길 바랍니다. 그래서 아주 작은 일로도 부모와 자식 간에 사랑을 나누고, 행복하고 훈훈한 가정이 되길 바랍니다.

그럼, 우리 친구들 책 속으로 고(Go)! 고(Go)!

'아침편지' 고도원

부모님을 기쁘게 해드릴 차례

머리말 | 여러분, 행운아가 되세요 · 4

1. 좋아하는 것 챙겨 드리기 · 11
2. '사랑한다'고 말하기 · 17
3. 부모님 손에 내 손을 마주 대보기 · 25

4. 발 씻겨 드리기 · 32
5. 부모님 생신 챙겨 드리기 · 40
6. 맛있게 먹고 "더 주세요!"라고 말하기 · 47
7. 부모님과 춤춰 보기 · 55
8. 열심히 모아서 감동 드리기 · 61

부모님을 기쁘게 해드릴 차례

9. 엄마와 미장원에 함께 가기 · 67

10. 부모님과 함께 노래 불러 보기 · 72

11. 부모님 건강이 최고 · 79

12. 감사장 만들어 드리기 · 85

13. 나에 대한 부모님의 꿈 들어 보기 · 92

14. 함께 김치 담가 보기 · 99

15. 부모님 직장에 가 보기 · 105

16. 엄마만의 시간 드리기 · 114

17. 부모님과 손잡고 산책하기 · 121

1 좋아하는 것 챙겨 드리기

먼저 내 이야기를 들려 주고 싶습니다.

나의 어머니는 홍시를 무척이나 좋아하셨습니다. 아주 잘 익은 홍시 말이에요. 그래서 한 자리에서 몇 개씩을 드시기도 했지요. 그러다가 나와 눈이 마주치면 빙긋이 웃으시면서 이렇게 말씀하시곤 했습니다.

"네가 뱃속에 있을 때부터 홍시가 참 맛있어졌단다."

잘 익은 홍시로 어머니의 표정이 밝아지면 덩달아 내 표정도 달라졌습니다. 별것도 아닌 홍시를 어머니께서 환하게 웃으시며 맛있게 드실 때, 나도 더없이 즐겁고 기뻤습니다.

특히 어머니는 내가 사드리는 홍시를 더 좋아하셨습니다. 그러다 보니 자연스레 3남 4녀 형제 중, 어머니께 홍시를 챙겨 드리는 건 내 몫이 되었지요.

그래서 해마다 가을이 되어 좌판에 놓인 첫 홍시를 볼 때면 나는 무척이나 들뜨곤 했습니다. 첫눈을 만난 것만큼 말이에요.

그러던 어느 날이었습니다. 밤늦게 집으로 돌아온 나를 보고 어머니께서는 중얼거리듯 말씀하셨어요.

"오늘따라 어째 홍시가 먹고 싶네……."

"참, 그러고 보니까 제가 요즘 어머니께 홍시를 사드리지 못했네요. 내일 꼭 사드릴게요."

나는 이렇게 대답했습니다.

그러나 이런 저런 일로 계속 늦게 집에 들어가면서 시간이 흘렀고, 그만 어머니께 홍시를 사드리겠다고 한 약속을 잊고 말았습니다.

그날도 늦게 집으로 돌아가는 길이었습니다. 휴대 전화가 울려 받아 보니 아내의 다급한 목소리가 들렸습니다.

"여보! 어머니께서 위독하세요. 저녁 때 나가셨다가 쓰러지셨어요. 빨리 집으로 와요!"

깜짝 놀란 나는 총알같이 달려 집에 도착했으나 어머니는 이미 돌아가신 뒤였습니다. 아들의 귀가조차 기다리지 못한 채 세상을 떠나셨으니, 나는 임종도 지키지 못한 불효 아들이 되고 말았지요.

어머니의 모습을 보면서 갑자기 내 머리에 떠오르는 것이 있었습니다.

"홍시!"

어머니께서 그렇게 좋아하시던 홍시를, 정작 돌아가시기 전에는 챙겨 드리지 못한 것입니다.

나는 이 일이 지금도 너무나 아쉬운 마음으로 가슴 한 구석에 남아 있습니다. 그래서 지금도 가을이 오면, 터질 듯 잘 익은 홍시 앞을 그냥 지나치지 못합니다. 잘 익은 홍시를 볼 때마다 돌아가신 어머니 생각이 나니까요.

　우리 중 대부분은 엄마가 좋아하는 음식을 알고 있습니다. 하지만 항상 우리를 먼저 챙겨 주시는 엄마의 모습 때문에 그걸 잊고 살기 쉽지요. 엄마는 과일이 있어도 우리에게 먼저 주시고, 생선을 먹을 때도 살점이 많은 가운데 토막을 우리에게 주시곤 하잖아요.

　하지만 이제는 엄마가 어떤 음식을 좋아하는지도 생각해 보세요. 만약 아직까지 모르고 있다면, 오늘부터라도 자세히 한번 살펴 보세요.

　엄마를 행복하게 하는 것, 그것은 힘들고 멀리 있는 게 아니랍니다. 나의 작은 관심과 수고로 엄마를 기쁘게 해드리세요.

엄마가 좋아하는 음식을 적어 보세요.

2 '사랑한다'고 말하기

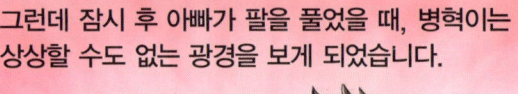

　나이가 들면서 우리는 쑥스러움 때문에 부모님께 "사랑한다."는 말을 잘 하지 못합니다. 그런데, 잘 생각해 보면 "사랑한다."고 말할 시간이 사실 그리 많지 않습니다. 오늘부터라도 틈틈이 부모님께 "사랑한다."고 말하세요. 그리고 그 말대로 부모님을 사랑하세요.
　부모님이 건강하실 때 사랑하고, 편찮으실 때 더욱 사랑하고, 행복해하실 때 사랑하세요. "사랑한다."는 말보다 더 좋은 말은 이 세상에 없답니다.

'아빠를 사랑하는 스무 가지 이유'를 적어 보세요.

3 부모님 손에 내 손을 마주 대보기

다섯 살, 손가락을 빨던 바로 그 나이에 성주는 아주 큰 어려움을 겪었습니다. 자신을 낳아 준 엄마와 아빠가 이혼을 했고, 언제까지나 늘 곁에 있을 것만 같았던 엄마는 멀리 미국으로 떠나 버렸기 때문입니다. 이혼이라는 게 뭔지도 모르고, 엄마가 어디로 떠났는지도 몰랐던 성주는 할머니 손에 이끌려 유치원에 다니며 자랐습니다.

그리고 얼마 후, 처음 보는 '아줌마'가 집에 들어왔습니다.

"성주야. 네 새엄마란다. 어서 인사 드려야지."

할머니가 이렇게 말씀하시자 새엄마는 인사를 받기도 전에 어린 성주의 손을 꼭 잡고 고운 목소리로 말했습니다.

"손이 참 예쁘구나. 손이 예쁜 사람은 마음도 착하대."

고운 목소리만큼 상냥하고 친절했던 새엄마가 너무나 잘 해주었기 때문인지, 아니면 너무 어렸기 때문인지 성주는 어느새 새엄마를 엄마라고 부르게 되었습니다. 이따금 친엄마 생각이 나기도 했지만, 시간이 갈수록 엄마의 얼굴은 기억 속에서 희미해져 갔고, 그 빈 자리는 새엄마의 모습으로 채워졌지요. 목욕도 함께 했고, 시장도 함께 다니며 새엄마와 성주는 누구보다 가까운 사이가 되었습니다.

그러던 어느 날 새엄마와 성주 사이가 멀어지는 사건이 일어났습니다.

성주와 제일 친하게 지내던 미란이는 서로의 깊은 마음 속 이야기, 비밀 이야기까지 다 나누는 사이였습니다. 당연히 성주의 엄마가 새엄마라는 걸 알고 있었지요. 그런데 성주가 다른 친구와 더 친하게 지내자 미란이는 어느 날, 반 아이들 앞에서 이렇게 말하고 말았습니다.

"성주는 엄마가 둘이라서 좋겠다. 성주 엄마는 새엄마래."

그러자 반 아이들이 성주의 주변으로 몰려들었습니다.

"뭐라고? 새엄마? 얼마 전에도 오셨잖아. 엄청 미인이시던데……."

"와, 너희 아빠 이혼했구나?"

"안됐다……. 새엄마가 구박은 안 해?"

아이들은 새로운 흥밋거리라도 생긴 듯 와글와글 떠들어댔습니다. 그날 이후 성주는 학교에 가지 않았습니다.

"성주야, 왜 학교에 안 가겠다는 거야? 응? 학교 가는 거 좋아했잖아. 친구들도 많고."

"싫어! 나 전학 갈래. 전학시켜 줘."

성주는 아무 말도 없이 무조건 전학을 시켜 달라고 떼를 썼습니다. 달래고 달래던 아빠는 무슨 생각을 하셨는지 전학하는 것에 찬성했고, 수속을 밟아 주었습니다. 그리고 그날 이후부터 성주는 새엄마에게서 조금씩 멀어져 갔습니다.

"성주야, 너 요즘 왜 그래? 말도 없고, 엄마랑 이야기도 안 하고……. 무슨 고민 있어? 성적 때문에 그래? 네가 아무 말이 없으니 엄마가 너무 슬프다."

새엄마가 이렇게 달래며 물었지만 성주는 아무 대답도 하지 않았습니다.

그러던 어느 날, 성주는 급기야 집을 나가고 말았습니다. 부모님은 백방으로 성주를 찾아 헤맸지만 찾을 수가 없었습니다. 그러다가 너무 걱정을 한 나머지 새엄마는 시름시름 앓게 되었고, 병원 신세를 지게 되었습니다.

"여보, 너무 걱정하지 말아요. 성주는 꼭 돌아올 거예요. 우리가 이렇게 기다리고 있으니……."

새엄마는 병원에 입원해 있는 동안에도 자신의 몸을 돌보기보다는 성주를 찾아야 한다면서 아빠를 내보내기 일쑤였습니다.

그렇게 며칠이 흐른 어느 날, 성주가 병원에 나타났습니다.

"성, 성주야. 네가 돌아왔구나……. 기다리고 있었어. 꼭 돌아올 거라고 말이……."

아빠는 너무도 기뻐 말을 채 잇지 못했습니다. 많이 야위고 늙어 버린 것 같은 새엄마는 아무 말도 못한 채 눈물만 뚝뚝 흘리면서 성주의 손을 꼭 잡았습니다.

성주는 그 사이 한결 성숙해진 얼굴로 새엄마의 손에 자신의 손을 마주 대보며 말했습니다.

"엄마, 손이 참 예쁘네요. 손이 예쁜 사람은 마음도 착하다던데, 제 손 엄마 손 닮았죠?"

"그래, 그래……. 성주야……."

"엄마가 새엄마라는 사실 때문에 너무 힘들었지만, 그래서 멀리 도망가고 싶었지만, 엄마가 저를 처음 만나면서 해준 말이 기억에서 떠나지 않았어요. 저를 받아 주시고 사랑해 주셨잖아요. 엄마는 한 분뿐인 제 엄마예요. 이제 잘 할게요. 절 용서해 주세요, 엄마……."

새엄마와 성주는 서로를 꼭 껴안았습니다. 푸근함이, 한없는 따스함이 가슴 가득 퍼져 나갔습니다.

　　손은 그 사람을 나타낸다고 합니다. 그래서 손을 잡아 보면 그 사람의 마음과 사랑의 깊이를 알 수 있지요.

　　손을 마주 잡는 순간 마음이 따뜻해집니다. 그러면서 속상했던 마음도 사라지고, 미워했던 마음도 누그러집니다.

　　또 손을 마주 잡는 순간 사람들은 서로 닮아 갑니다. 부모와 자식이 닮아 가고, 부부가 닮아 가고, 친구가 닮아 가지요.

　　부모님의 손을 꼭 잡아 보세요. 부모님의 사랑을 알 수 있을 거예요. 손이 곧 사랑이거든요.

내가 엄마, 아빠와 닮은 곳을 찾아 적어 보세요.

　아빠의 손을 잡아 본 것이 언제였나요? 엄마를 안아 드린 것이 언제였나요?

　사랑은 '터치(만지는 것)'라고 하잖아요. 부모님의 손과 발, 몸을 자주 만지고 안고 쓰다듬어 드리세요. 그러면 여러분의 사랑이 부모님께 전달된답니다.

　부엌에서 설거지하시는 엄마를 등 뒤에서 살짝 안아 봐도 좋고, 아빠의 어깨를 주물러 드리는 것도 좋지요. 처음은 어색하겠지만, 용기를 내보세요. 말로 표현할 수 없는 기쁨과 감동에 모두의 마음이 흐뭇해질 테니까요.

아빠의 발을 씻겨 드리고 난 소감을 적어 보세요.

5 부모님 생신 챙겨 드리기

　　　　　중학교 2학년인 철웅이는 방학을 맞아 필리핀으로 어학 연수를 왔습니다. 사실 철웅이의 집안 형편은 어학 연수를 보낼 만큼 넉넉하지는 않았습니다. 하지만 평소에 영어를 열심히 공부한 철웅이가 학교에서 실시한 영어 경시 대회에서 1등을 했고, 그 상품으로 2개월 영어 연수 티켓을 받은 것이었지요.

　　늘 꿈꾸던 어학 연수란 걸 진짜로 가게 되니 기쁘고 신이 나서, 처음에는 부모님과 떨어지는 것도 걱정이 되지 않았습니다. 다른 학교에서 온 친구들도 있기에 별 어려움 없이 공부하면서 재미있게 지낼 수 있을 거라고 생각했거든요. 그런데 하루하루 지나면서 철웅이는 가족과 집이 그리워졌습니다.

그러던 어느 날이었습니다.

7월 28일.

달력을 보니 바로 철웅이의 생일이었습니다. 매년 철웅이의 생일이면 엄마는 조그만 케이크를 손수 만들어 주셨고, 친구들을 초대해 근사한 생일 파티를 열어 주셨습니다. 맛있는 것도 많이 먹고, 선물도 많이 받았지요. 그 때는 고마움을 몰랐는데, 막상 아무도 자신의 생일을 기억해 주지 않자 철웅이는 우울해졌습니다. 지금까지 한 명도 축하해 주지 않는 생일은 한 번도 없었거든요.

하지만 기숙사에서의 빠듯한 하루는 어김없이 시작이 되었습니다. 계속되는 수업과 많은 숙제, 방과 후 그룹 공부까지 마치고 지친 몸으로 다시 기숙사로 돌아오면서는 오늘이 자신의 생일이었는지조차 잊어 버리고 말았습니다. 비록 짧은 어학 연수이긴 했으나 함께 온 친구들과의 경쟁도 있었고, 여기서 좋은 성적을 얻어야만 다음번 어학 연수를 또 지원할 수 있는 자격이 주어졌기 때문에 공부를 게을리할 수가 없었습니다.

지친 발걸음으로 방에 들어섰을 때, 책상 위에 놓인 분홍색 카드가 눈에 띄었습니다. 그것은 한국에서 엄마가 보낸 것이었습니다. 철웅이는 너무나 반가워 얼른 봉투를 뜯었습니다.

사랑하는 아들 철웅아, 잘 지내고 있지?
오늘이 네 생일인데 기억하고 있지?
생일 진심으로 축하한다.
생일날에 맞게 카드가 도착하도록 신경 썼는데 늦게 도착하는 것은 아닌지 걱정이다.
미역국은 먹었니? 거긴 한국이 아니라서 미역국을 먹기는 어렵겠지? 마음 같아서는 그 곳까지 엄마가 끓인 미역국을 퀵 서비스로 보내고 싶은 심정이란다.
사실 엄마, 아빠는 오늘 아침에 미역국을 끓였어. 널 생각하면서 말이야.
네가 무사히 공부 마치고 건강하게 돌아오길 엄마는 언제나 기도하고 있단다. 그리고 엄마가 철웅이를 무척 자랑스럽게 생각한다는 말을 하고 싶다.
철웅아, 생일 축하해!

엄마가.

무척이나 오랜만에 엄마에게 받아 본 편지였습니다. 엄마가 직접 쓴 카드를 보니 어느새 눈물이 펑펑 쏟아졌습니다. 생일날 이렇게 서럽게 울다니요. 하지만 그건 슬픔의 눈물이 아니라 감동의 눈물이었답

니다.

비록 멀리 있지만 자신을 생각하는 엄마의 마음이 그대로 전달되는 느낌이었습니다. 어떤 값비싼 선물을 받은 것보다 기분이 좋았지요.

철웅이는 열심히 공부해서 꼭 좋은 성적을 받아 가지고 한국으로 돌아가리라 마음 먹었습니다.

　생일날은 기쁨도 두 배, 서러움도 두 배가 될 수 있는 날입니다. 자기 생일을 아무도 챙겨 주지 않으면 너나없이 무척 섭섭해합니다. 하물며 부모님의 경우는 말할 것도 없지요.
　무슨 일이 있어도 부모님 생신만은 반드시 챙겨 드려야 합니다. 매년 오는 것이라고, 나는 아직 어리다고 그냥 넘어가면 안 됩니다. 생신날 아침 미역국을 끓이기가 어렵다면, 생신에 맞춰 마음이 담긴 선물을 해드리세요. 어느덧 훌쩍 자란 자식을 보는 기쁨이야말로 부모님께는 둘도 없는 선물이지요.
　참, 좋은 선물의 가치는 '값'에 있지 않습니다. 바로 '마음'에 있습니다. 그러니까 사랑하는 마음에 있습니다. 마음이 담긴 작은 선물 하나가 부모님의 가슴을 훈훈하게 만들어 줍니다.

부모님께 사랑의 마음을 담아
생신 축하편지를 써볼까요?

6 맛있게 먹고 "더 주세요!"라고 말하기

아빠가 회사를 그만두고 지방에서 장사를 시작하신 후, 준석이는 서울에 남아 큰아버지 집에서 살게 되었습니다.

아빠의 회사가 어려워져 문을 닫으면서 가족이 뿔뿔이 흩어지게 된 것입니다.

그러던 어느 날, 큰아버지와 큰엄마가 해외 여행을 떠나게 되었습니다.

　엄마가 매일 차려 주시는 밥상. 여러분은 어쩌면 그 고마움을 모르고 있을지도 모르겠네요. 하지만 집을 떠나 생활하는 사람들은 몸이 아프거나 마음이 아플 때, 가장 생각나는 것이 엄마가 차려 주시는 밥상이라고 합니다. 이렇게 고마운 밥상이지만 우리가 직접 상을 차리기에는 아직 힘든 점이 많습니다.

　그렇다면 어떻게 해야 할까요?

　엄마가 밥상을 차리실 때 얼른 함께 돕고, 엄마가 해주신 음식을 먹고 나면 꼭 맛있다고 말하세요. 그리고 "더 주세요!"라고 말하세요. 엄마가 만들어 준 음식이 최고라고 말이에요.

　여러분의 칭찬 한 마디는 엄마의 수고로움을 모두 잊게 함과 동시에, 엄마를 행복하게 해드릴 것입니다.

엄마가 해주신 음식 중 어떤 것이 가장 맛있나요? 이유를 적어 볼까요?

7 부모님과 춤춰 보기

지난 주말 은정이는 엄마와 함께 텔레비전에서 방영되는 영화를 보았습니다.

영화 중간에 결혼을 하루 앞둔 여주인공이 아빠와 춤을 추는 장면이 있었습니다.

휴우~

엄마, 갑자기 웬 한숨이야?

　캐나다에서는 결혼 피로연 중간에 아버지와 딸이 사람들 앞에 나와 춤을 추는 시간이 있습니다. 하지만 꼭 결혼을 앞둔 사람만이 아빠와 춤을 출 수 있는 건 아니에요. 조금만 여유 있는 시간이 되면 아빠와, 혹은 엄마와 춤을 추어 보세요. 엄마, 아빠의 생신 같은 특별한 날이라면 더욱 의미 있겠지요. '매주 마지막 주 토요일 저녁은 가족끼리 춤추는 날!' 이렇게 시간을 정해 두어도 좋아요.

　서로의 가슴이 맞닿고 심장 고동 소리까지 가까이 느껴질 즈음, 부모님에 대한 사랑이 파도처럼 밀려들 거예요. 이건 말로는 표현할 수 없는 따스함이지요.

엄마, 아빠와 춤을 추고 난 심정이 어떤가요?

사랑에 눈먼 한 젊은이가 있었습니다. 그는 연인에게 변하지 않을 사랑을 고백했고, 연인은 자신을 진정으로 사랑한다면 그의 엄마 심장을 가져오라고 했습니다. 당장 집으로 달려간 그는 엄마의 심장을 빼앗아 연인이 있는 곳으로 향했는데, 너무 서두른 탓에 그만 돌부리에 걸려 넘어지면서 엄마의 심장도 길에 내동댕이쳐지고 말았습니다. 그러자 엄마의 붉은 심장이 말했습니다.

"얘야! 어디 다친 데는 없니?"

자식을 위해 심장까지 떼어 주고자 하는 부모님. 그 이름 앞에 여러분은 무엇을 드렸는지요? 부모님께 기쁨을 드린 적이 있는지요?

부모님을 기쁘게 하는 사람이야말로, 더 많은 사람을 기쁘게 할 수 있습니다.

부모님을 기쁘게 해드렸던 일을 적어 볼까요?

또 부모님이 기뻐하실 일은 어떤 것이 있을까요?

9 엄마와 미장원에 함께 가기

얼마 전부터 엄마의 머리에는 새치가 부쩍 늘었습니다.

새치도 유전인가? 외할머니도 마흔 살부터 염색을 하셨다고 했지?

우리 은주, 걱정되나 보구나?

당연하지. 그렇다면 나도 남들보다 빨리 새치가 생길 것 아냐.

요즘은 모두 염색하고 다니는데 뭐가 걱정이니? 그런데 흰머리는 다 뽑은 거야?

다 뽑긴……. 아직도 멀었어!

언니, 우리 엄마 자연스럽게 파마해 주시구요, 염색도 해주세요.

예, 알겠습니다.

은주와 함께 잡지를 보던 엄마는 어느새 말도 많아지고 표정도 환하게 바뀌었습니다.

두 시간이 지난 후 거울 속의 엄마는 세련된 커리어 우먼으로 변신해 있습니다. 엄마는 어색해하면서도 한껏 흡족한 표정입니다.

와! 엄마 넘 이쁘삼! 여자 사장님 같아!

　언제부터인가 미장원에 가는 엄마의 발길이 점차 뜸해지는 때가 있습니다. 미장원 앞에까지 가셨다가도 이런 저런 살림 걱정에 발길을 되돌리기가 일쑤입니다. 그러다 보면 엄마의 머리 스타일은 거칠어지고, 전형적인 '동네 아줌마'의 머리가 되고 맙니다. 이 때는 자녀들이 얼른, 특히 딸들이 살펴봐 드려야 합니다.

　엄마와 함께 미장원에 가서 이런 저런 이야기도 나누고, 머리 스타일도 같이 바꿔 보세요. 이왕이면 모아 둔 용돈으로 계산도 할 수 있다면 더욱 좋고요.

엄마의 기분 전환을 위해 또 할 수 있는 일은 무엇이 있을까요?

10 부모님과 함께 노래 불러 보기

새롬이는 반짇고리를 찾다가 안방 장롱 속에서 무척이나 오래된 듯한 책받침 같은 것을 발견했습니다. 겉에는 '시인과 촌장' '이용' '조용필' 등 가수의 이름들이 씌어 있습니다.

"아니, 새롬아. 이걸 어디서 찾았어?"

마침 엄마가 들어오시다가 깜짝 놀라며 물으셨습니다.

"장롱 서랍 맨 아래에 있었어. 그런데 이게 뭐야, 엄마?"

"하하. 새롬이는 엘피판이 뭔지 모르지? 옛날에는 이 판을 전축 턴테이블에 올려 놓으면 음악이 나왔단다."

엄마는 낡은 종이 케이스 안에서 검고 딱딱한 판을 꺼내 보이며 이렇게 설명했습니다.

"여기 가는 줄이 보이지? 전축의 바늘이 여기를 지나가면 소리가 나온단다."

"진짜? 그런데 엄마, 왜 지금까지 이거 안 들었어?"

새롬이가 궁금해하며 묻자 엄마의 얼굴에 조금 그늘이 스칩니다.

"아, 그건……. 이 판은 전축으로만 들을 수 있는데, 우리집에는 전축이 없잖아. 이 집으로 이사 오기 전에 다 버렸단다. 요즘은 시디 플레이어로 음악을 들으니까."

"그럼, 왜 이것들은 안 버렸어?"

"이것들은 엄마가 오랫동안 좋아해 온 가수들의 음반이라서 그냥 모아 두고 있는 거야. 새롬이도 좋아하는 가수의 앨범이나 책은 낡아도 모아 두잖아."

"와! 엄마도 좋아하는 가수가 있었어? 어떤 노래를 부른 가수야? 엄마, 노래 한번 불러 봐. 응?"

새롬이는 엄마도 자기처럼 가수를 좋아했다고 하니 신기했습니다. 새롬이는 가수 동방신기를 좋아해서, 텔레비전에 동방신기만 나오면 정신없이 달려가 노래를 따라 부르고 사진과 동영상도 인터넷에서 내려받아 두었거든요. 그런데 엄마도 정말 그런 걸까요?

엄마는 빙긋 웃으시더니 노래를 부르기 시작합니다.

"바람 속으로 걸어갔어요~ 이른 아침에 그 찻집……."

새롬이는 엄마 얼굴을 바라봅니다. 노래를 부르는 엄마의 모습이 아주 행복해 보입니다. 마침 퇴근하고 들어오시던 아빠가 이 모습을 보시더니 이렇게 제안하셨습니다.

"오늘은 우리 가족 모두 함께 외식하고 나서, 노래방에 가서 신나게 노래하는 게 어때?"

그날 새롬이네 가족은 노래방에서 목청껏 신나게 노래를 불렀답니다. 엄마의 애창곡도 듣고, 아빠의 멋진 춤 솜씨도 보았지요. 가족 모두 하나가 되어, 아주 신나게 말이에요.

노래는 묘한 힘을 가지고 있습니다. 함께 노래 부르는 사람들을 하나로 만들지요. 그래서 우리는 운동회에서 목이 터져라 응원가를 부르고, 교회에서는 경건하게 찬송가를 부르기도 합니다.

또 노래를 함께 부르는 것만큼 쉽게 친해지는 일도 없습니다. 노래방이 요즘처럼 많지 않았을 때에도 사람들은 모이면 주로 노래를 부르고 놀면서 서로 친해졌습니다. 지금은 노래방이 곳곳에 있어 더욱 쉽고 다양하게 노래를 즐길 수 있게 되었죠.

혹시 아빠가 좋아하는 노래, 엄마가 자주 부르는 노래가 무엇인지 알고 있나요? 또, 부모님이 왜 그 노래를 특히 좋

아하시는지, 그 이유는 알고 있나요?

　누구에게나 애창곡이 있고, 그만의 깊은 사연이 있습니다. 부모님의 애창곡을 기억하고 함께 부르는 것은, 그만큼 부모님을 이해하고 사랑한다는 뜻입니다. 부모님과 함께 노래를 부르는 것만으로도 부모님의 마음에 더 가까이 다가갈 수 있습니다.

　또 부모님이 좋아하는 노래들을 모아 테이프를 만들어 드리는 것도 더없이 값지고 귀한 선물이 되겠지요.

부모님의 애창곡은 어떤 것들이 있나요?

11 부모님 건강이 최고

선영이는 독감에 걸려 사흘을 꼬박 누워 있었습니다. 엄마는 선영이가 열은 좀 났지만 그저 초등학교에 막 입학해 긴장했던 탓이려니 생각했고, 여느 때처럼 살짝 지나가는 감기겠거니 하고 학교에 보냈던 것입니다.

열이 심해 눈도 제대로 못 뜨고 가쁜 숨을 쉬고 있는 선영이를 보며 엄마는 자기 자신에게 화가 났습니다. 잠자는 시간도 아까워할 정도로 잠시도 가만히 있지 못하는 활동적인 아이가 누워 있으니 집 안이 텅 빈 것만 같았고, 언제나 방글방글 웃는 얼굴에 애교도 많았던 아이가 힘겨워하는 모습을 보고 있자니 너무나 안쓰러워 가슴이 아팠기 때문입니다.

"우리 딸, 힘들지? 엄마가 대신 다 아플 테니, 제발 어서 일어나라……."

엄마가 달래자 선영이는 잘 나오지 않는 목소리로 이렇게 대답했습니다.

"엄마 아프지 마……. 엄마가 아프면 내 마음이 아파……."

엄마는 미안하고, 또 선영이의 마음이 고마워 그만 울음을 터뜨리고 말았습니다.

그렇게 병원을 몇 차례 오가고 뜬눈으로 밤을 새워 간호하며 며칠을 보내자 선영이의 독감은 완쾌되었지만, 이번에는 엄마가 앓아눕고 말았습니다.

며칠 만에 학교에 다녀온 선영이는 불덩이가 된 채 누워 있는 엄마 품에 쓰러지듯 안기더니 굵은 눈물방울을 떨어뜨렸습니다.

"왜 그래? 또 아프니?"

엄마가 걱정스럽게 묻자 선영이는 목이 메어 이렇게 대답했습니다.

"엄마, 미안해……. 내가 엄마한테 감기 옮겨서 엄마가 이렇게 아프잖아. 어떡해……."

엄마 눈에도 그렁그렁 눈물이 맺혔습니다.

그날부터 선영이는 매일 학교에 다녀와서는 수건을 차가운 물에

적셔 엄마의 이마에 올려 놓고 약도 챙겼습니다. 그러고는 엄마를 간호한다며 자기 방 대신 엄마 옆에 누워 잠을 청했습니다.

엄마는 또 촉촉해진 눈으로 잠든 선영이를 바라보았습니다.

"누가 이렇게 예쁜 딸을 데려다 줬을까……. 너 없었으면 내가 어쩔 뻔했니……."

　아흔을 넘긴 수필가 피천득 선생이 폐렴으로 입원했을 때의 이야기입니다.

　점심 때가 지난 시간이었답니다. 그 병원 의사로 있는 둘째아들이 병실에 찾아왔을 때 선생은 "얘, 거기 냉장고에 밥 있어. 데워서 먹어라."며 환갑 나이 아들의 끼니를 걱정했다고 합니다. 환갑이든 진갑이든, 부모님 앞에 자식은 언제나 '아이'인가 봅니다.

　이렇게 평생을 내 몸처럼 염려해 주시는 부모님, 이번에는 우리 자식들이 부모님의 몸을 내 몸처럼 염려해 드린다면 부모님의 기쁨도 커지고, 그만큼 더욱 건강하게 사시겠죠?

부모님의 건강을 위해 우리가 할 수 있는 일은 무엇이 있을까요?

12 감사장 만들어 드리기

오늘은 성민이네 가족이 뿔뿔이 흩어지는 날입니다.

지난해, 아빠가 경영하시던 회사가 어려워지면서 회사 문을 닫았고, 결국 지난달에는 성민이네 집도 팔렸기 때문입니다.

엄마와 아빠는 먼 친척이 있는 시골로, 성민이는 고모네 집으로, 동생 성재는 지방에 있는 이모네로 가게 되었습니다.

그렇지!
좋은 생각이 떠올랐어.

성민이는 코드를 뽑으려던 컴퓨터의 전원을 다시 켜, 글을 쓰기 시작했습니다.

감사장

엄마, 아빠에게

  열두 해 동안 키워 주신 부모님께 이제야 감사하다는 말씀을 드립니다. 늘 어리광만 부리는 어린아이였는데, 어느새 부모님 덕으로 이만큼 컸습니다. 그동안 언제나 아낌 없는 사랑과 수고로 지금의 저를 있게 한 두 분의 은혜를 무엇으로 갚아야 할까요.
  앞으로도 부모님의 자식으로서 부끄럽지 않게, 늘 부족하지만 열심히 노력해 두 분께 기쁨과 보람을 안겨 드리겠습니다.
  엄마, 아빠! 떨어져 있더라도 기운 잃지 마세요. 저와 성재가 있잖아요.
  엄마, 아빠 정말 사랑해요.

성민 올림

　생일날은 부모님으로부터 선물을 받는 게 아니라, 부모님께 선물을 해드려야 한다는 말이 있습니다. 여러분이 이 자리에 서기까지 부모님이 수많은 수고로움을 감당했기 때문입니다. 특히 집안이 어려울수록 더욱 부모님의 은혜에 감사하는 마음을 가져야 합니다. 어려운 환경 속에서 자식을 키운다는 것이 더 힘든 일이니까요.

　또 이런 마음을 마음속으로만 갖고 있을 것이 아니라, '감사장'으로 표현해 보세요. 자신의 생일날 또는 부모님의 생신날에도 좋고, 새로운 해가 시작되는 날도 좋습니다. 물론 형식적인 종이 한 장보다는 묵묵히 실천하는 행동 하나가 더 값지겠지만요.

부모님께 드리는 감사장을 만들어 보세요.

13 나에 대한 부모님의 꿈 들어 보기

　부모님께 여러분이 태어날 때 어떤 꿈을 꾸었는지 여쭤 본 적 있나요? 엄마가 말해 주는 태몽은 아마도 내용은 같아도 표현 방식은 그 때 그 때 따라 다를 겁니다. 그건 엄마의 꿈과 여러분에 대한 희망이 갈수록 커져 가고 있기 때문이지요.
　이런 아빠의 희망, 엄마의 기도는 엄청난 힘을 발휘합니다. 또 엄마가 눈물 흘리며 간절히 바라는 기도는 반드시 이루어집니다. 어찌 보면 우리 모두는 엄마의 기도 덕분에 살아 가고 있는지도 모릅니다.

여러분의 태몽은 무엇이었나요?

14 함께 김치 담가 보기

　수혁이는 학교가 끝나자마자 집으로 달렸습니다. 영어 학원을 가는 날이긴 했지만 오늘만큼은 빠지기로 했습니다. 왜냐하면 오늘은 수혁이네 식구가 다 함께 김치를 담그는 날이기 때문입니다. 김치 담그는 게 무슨 대단한 일이라고 학원까지 빠지냐고요? 그건 그럴 만한 이유가 있기 때문이랍니다.

　"엄마, 우리도 그냥 김치 사서 먹으면 안 돼? 다른 집은 모두 사 먹던데. 이게 뭐야! 집 안도 지저분하고. 젓갈 냄새도 나고……."

　김치를 담그는 날이면 어김없이 수혁이가 투정을 부렸습니다. 집 안도 어지럽고, 엄마가 바빠 간식도 못 만들어 주는 데다가, 무엇보다 김치를 좋아하지 않기 때문이었지요.

'에이, 맛도 없는 김치를 왜 자꾸 담근담.'

하지만 수혁이의 마음을 아는지 모르는지 엄마는 여느 때처럼 환한 얼굴로 말씀하십니다.

"수혁아, 엄마가 다 할게. 넌 들어가서 공부하렴."

"아니, 그게 아니라……. 엄마가 힘드니까 그렇지. 만날 허리 아프다고 하면서……. 홈쇼핑에서 사 먹어도 되잖아. 우리 반 애들도 그게 더 맛있다고 하던데……."

수혁이는 괜히 머쓱해져서 엄마 핑계를 댑니다. 엄마가 왜 김치를 많이 담그는지 알고 있으면서도 왠지 심술이 납니다.

엄마는 늘 다른 집보다 많은 김치를 담급니다. 동네에 혼자 사시는 할아버지, 할머니께 가져다 드리고, 주변의 이웃들과도 나눠 먹기 위해서지요. 그래서 엄마가 김치를 담그고 나면 여기 저기서 고맙다는 전화도 걸려 오고, 다른 선물을 가져다 주는 이웃도 있었습니다.

하지만 얼마 전에 엄마가 교통 사고를 당하시면서 이 모든 것은 멈춰 버리고 말았습니다. 엄마는 몇 달 동안 병원에 계셨고, 집에 오신 뒤에도 침대에서 잘 일어나지 못하셨습니다. 반찬은 햄이며 참치 캔 같은 인스턴트 음식으로 바뀌었고, 김치도 일하는 아주머니가 가끔 담가 주긴 했지만 왠지 맛이 없었습니다.

김치를 좋아하지 않았던 수혁이도 어느새 식탁에 앉으면 엄마의

김치가 그리워졌습니다. 아빠도 동생도 김치에 통 젓가락을 대지 않아서 냉장고에 든 김치는 시간이 지나도 별로 줄지 않았습니다.

"얼른 일어나야지. 당신이 해주는 김치가 먹고 싶은데……."

아빠는 가끔 엄마에게 이렇게 말씀하셨습니다.

그런데 오늘이 바로 엄마가 자리에서 일어나서서 처음 김치를 담그는 날입니다. 아빠도 일찍 오기로 약속하셨고, 오늘은 수혁이도 엄마를 도와 김치를 담가 봐야겠다고 결심을 했거든요. 모처럼 옆집과 아랫집 아주머니들도 찾아와 같이 김치를 담그기로 했습니다.

"엄마, 고춧가루는 이 정도면 돼?"

수혁이가 들뜬 목소리로 엄마에게 묻습니다.

"하이고! 수혁 엄마, 아들 다 키웠네?"

아주머니들이 하하 웃습니다. 그러자 엄마의 얼굴이 김치 빛깔처럼 붉게 바뀝니다. 수혁이는 빨갛게 물드는 배추를 보면서, 이번에는 자신이 엄마 대신 할아버지, 할머니들께 김치를 가져다 드려야겠다고 생각했습니다.

　　엄마가 차려 주시는 밥상, 누구든 어쩌면 당연하다고 생각할지 모르겠어요. 하지만 부모님이 계시지 않아, 이 밥상을 한 번도 받아 보지 못한 사람도 많답니다. 엄마가 해주시는 음식 중에서 특히 김치는 집집마다 맛도 다르고, 엄마의 손맛이 담겨 있어 건강에도 좋고, 가족 간의 사랑을 나누는 데도 아주 좋은 음식입니다.

　　얼마 전까지만 해도 우리나라에서는 늦가을이면 온 식구가 함께 김장을 하곤 했습니다. 지금은 물론 많이 바뀌었지만, 한번쯤 엄마 아빠와 함께 김치를 담가 보세요. 온 가족의 힘으로 만든 그 김치를 먹는 내내 서로의 사랑을 확인할 수 있어, 더욱 풍요로운 밥상이 될 것입니다.

엄마, 아빠와 함께 김치를 담갔던 경험담을 적어 보세요.

15 부모님 직장에 가보기

지난주 주영이네 반 아이들은 담임 선생님이 내주신 숙제 때문에 한바탕 소동이 일었습니다.
'부모님 직장 방문하고 느낀 점 쓰기'

선생님, 엄마 직장 가요, 아빠 직장 가요?

저희 집은 중국집 해서 맨날 거기 가는데요?

푸하하! 우리 아빤 우리 나라에서 젤 좋은 회사 다니는데, 신난다!

재수 없어……

주영이는 걱정이 가득했습니다.
주영이의 아빠는 딱히 직업이 없거든요.

끙……

　부모님께서 어떻게 돈을 벌어서 여러분을 입히고 가르치시는지 한 번이라도 생각해 본 적이 있나요? 당연히 아침이면 일터로 나가시고, 저녁이면 들어오시는 거라고 생각했나요?
　하지만 부모님의 직장을 다녀오고 나면 생각이 바뀔 거예요. 아침마다 교통 지옥에 시달리고, 과중한 업무와 스트레스, 사람을 상대하거나 물건을 팔아야 하는 일, 힘든 노동 등 얼마나 힘들게 일하시는지, 그리고 그것이 무엇 때문인지 금방 깨달을 수 있거든요.
　물론 부모님을 대신해 돈을 벌거나 일할 수는 없어요. 다만 부모님을 위해 무엇을 할 수 있을 것인가를 생각하고, 감사하는 마음을 갖는 것이야말로 꼭 필요한 자세이지요.

부모님의 직장에 다녀와 보고, 그 느낌을 적어 보세요.

16 엄마만의 시간 드리기

넷째 주 일요일인 오늘은 서영이와 아빠 그리고 남동생, 이렇게 셋이서 외출을 하는 날입니다. 다름 아닌 엄마만의 시간을 드리기 위해서지요.

서영이네 집은 지난달부터 규칙을 하나 정했습니다. 매달 셋째 주 일요일은 아빠의 날, 넷째 주 일요일은 엄마의 날입니다. 그래서 엄마나 아빠가 집에 계시고 싶으면 다른 가족이 외출하고, 외출하고 싶으면 다른 가족이 집안 살림을 맡아서 하는 걸로 말이에요.

한 달에 하루만이라도 푹 쉬면서 하고 싶었던 일도 하고, 친구도 만나고 하는 게 좋다나요?

사실 서영이는 처음에는 이 규칙이 마음에 들지 않았습니다. 부모님은 항상 서영이와 동생 서진이를 엄청 사랑한다고 하시면서, 막상 한 달에 두 번씩이나 서로 떨어져 지내야 하는 걸 말이지요.

세 사람은 아침 일찍부터 서둘러 오전 9시에 집을 나섰습니다.

"아빠, 어디로 갈 거예요?"

"용산에 새로 문을 연 국립박물관으로 가자. 거기 가면 서영이가 좋아하는 역사 유물이 가득하거든. 박물관을 구경하다가 점심도 먹고, 다시 구경하고……. 서진이도 좋지?"

"와, 신난다!"

아빠의 말에 서영이는 팔짝 뜁니다. 그렇지만 서진이는 입을 삐죽 내밀면서 이렇게 말했습니다.

"칫, 사람들이 우리를 엄마 없는 애들로 생각하겠다. 아빠, 엄마만의 시간이 왜 필요해? 우리랑 같이 놀러도 가고, 유물 구경도 하면 좋잖아."

"아이고, 우리 왕자님이 화나셨구나? 어허, 이러면 안 되지. 지난달에 그렇게 하기로 약속해 놓고선? 이건 반칙이다! 자, 어서 가자. 아빠가 점심은 맛있는 것으로 쏠게."

아빠는 차에 시동을 걸면서 서진이를 달랬습니다. 하지만 뿌루퉁해진 서진이의 입은 좀처럼 들어가지 않았습니다.

"서진아, 기다려 봐. 오늘 저녁에 집에 들어가면 분명 엄마 얼굴이

환해져 있을걸? 아마 맛있는 저녁을 차려 놓고 기다리실지도 몰라."

"그걸 누나가 어떻게 알아?"

서진이는 아직도 뭔가 못마땅합니다.

"두고 보렴. 넌 아직 어려서 몰라, 꼬맹아! 만날 어리광만 부리고……."

한편 엄마는 느지막이 일어나 간단하게 청소를 하고 모닝 커피를 마시면서 라디오를 켰습니다. 매일 아침마다 아이들 학교를 보내고 자신도 출근하느라 정신이 없어 라디오를 들어 본 게 얼마만인지 모릅니다. 일요일이면 하루 종일 켜둔 텔레비전 소리에 정신이 없었고, 이것저것 아이들의 요구를 들어 주고, 밥과 설거지를 하다 보면 그냥 해가 넘어가곤 했습니다.

모처럼 가족끼리 나들이라도 갔다 오면 주말의 가사 일거리는 그대로 남아 엄마를 기다렸습니다. 그러니 외출을 하면 더 바쁜 휴일이 되곤 했지요.

"야, 정말 좋다! 이렇게 혼자 있어 본 게 얼마만이야? 서영이 낳고 난 후 처음이니 11년만이네. 세월 참 빠르구나."

엄마는 거실 한귀퉁이에 세워 놓은 먼지 쌓인 기타를 꺼냈습니다. 젊었을 때는 열심히 쳤던 것인데, 서영이가 태어나면서부터는 거의 손에 잡아 보지 못했습니다. 끼릭끼릭 기타 줄을 새로 맞추고 생각나는 노래를 몇 곡 쳐보았습니다.

"예스터데이, 올 마이 트러블스 심 소 화러웨이~(Yesterday, all my troubles seemed so far away~)"

오래된 팝송이 엄마의 입에서 흘러나왔습니다. 반주도 그럭저럭 따라왔습니다.

"와, 내 실력이 아직 녹슬지 않았네! 이제라도 좀 열심히 해보면 되겠어."

엄마는 책꽂이에서 이런 저런 노래 책들을 꺼내 신나게 기타를 퉁기다가 책꽂이 맨 아래칸의 앨범에 눈길이 갔습니다. 엄마의 처녀 시절 사진 앨범이었습니다. 엄마는 빛바랜 사진을 한 장 한 장 살펴보면서 다시 옛 생각에 빠져들었습니다.

'어휴, 촌스러워. 그래도 이 땐 젊었구나. 열심히 살아 온 세월이 었는데……. 이 정도 살았으면 잘산 것이겠지? 혼자만의 시간을 보내라고 식구들이 집도 비워 주고. 호호, 오늘 저녁은 우리 식구가 좋아하는 해물탕 끓여야겠다.'

　엄마만의 시간, 아빠만의 시간이 왜 필요한지 모르는 친구는 없겠죠? 엄마, 아빠에게도 진정한 휴식이 필요하답니다. 여러분과 지내는 것도 물론 행복하고 즐거운 시간이지만, 사람은 누구나 혼자만의 시간이 필요하거든요.
　여러분도 가끔씩 혼자 있고 싶을 때가 있지요? 그러니 한 달에 한 번, 또는 두 달에 한 번이라도 엄마를 위해서 집안 일을 도맡아 본다든가, 부모님 두 분만이 여행을 하실 수 있도록 한번쯤 권해 보세요. 어느새 우리 아이가 이렇게 컸나, 하고 기특해하실걸요?

부모님께 두 분만의 시간을 가지시라고
말씀 드려 보세요. 부모님의 반응은 어떤가요?

17 부모님과 손잡고 산책하기

한여름의 저녁 한강변은 시원합니다. 바람이 선선히 불어오고 있었습니다. 민석이는 저녁 식사를 마치고 아빠와 함께 한강변을 따라 걷고 있습니다.

"아빠는 이 동네로 이사 와서 제일 좋은 게, 한강이 가깝다는 거야. 세계의 좋다는 나라를 가봐도 우리나라의 한강만큼 크고 멋진 강이 흔하지 않거든."

아빠는 양화대교의 야경을 바라보며 기지개를 쭉 켰습니다.

"나도 그래, 아빠. 친구들이랑 인라인 타기도 좋고 축구 하는 것도 신나고."

"그러고 보니 우리 민석이랑 산책을 시작한 지도 벌써 한 달이 다 되어 가네? 하하하."

호탕하게 웃는 아빠를 바라보며 민석이는 빙긋이 웃었습니다.

사실 민석이는 이사 오기 전 다니던 학교에서 친구들과 잘 어울리지 못했습니다. 초등학교 입학할 때부터 학교 가기를 싫어해 언제나 반 아이들의 뒤에 처지다 보니, 어느새 4학년이 되어도 친한 친구가 한 명도 없었고, 아이들도 슬슬 민석이를 따돌리기 시작했습니다.

"쟤는 왜 저래? 말도 없고, 먼저 묻기 전엔 대답도 하지 않잖아."

"맞아, 3학년 때도 그랬대. 선생님도 별로 신경도 안 쓴대."

"야, 재수 없다. 쟤, 우리 골탕 먹일까?"

아이들 몇몇은 민석이를 괴롭히기 시작했습니다. 쉬는 시간에 나갔다 오면 가방을 뒤집어 놓기 일쑤였고, 화장실 문을 잠가 버리거나 청소 당번일 땐 민석이만 남겨 놓고 모두 도망가 버리기도 했지요.

하지만 민석이는 집에 와서 아무 말도 하지 않았습니다. 민석이에게 분명 무슨 일이 있을 거라고 생각한 엄마가 학교에 따라가 보고는 괴롭힘을 당하는 장면을 목격한 뒤, 담임 선생님과 상의해 전학을 시키기로 마음 먹었습니다.

물론 금방 전학을 결정한 것은 아닙니다. 엄마는 며칠을 눈이 통통 붓도록 울었고, 때론 민석이를 다그치기도 하고 달래기도 해보았지만 민석이는 이렇다 할 말을 하지 않았습니다. 부모님의 마음은 너무도 쓰리고 아팠지요. 부모님은 맞벌이에 바빠 민석이에게 신경을 써주지 못한 자신들을 자책했습니다.

걱정이 된 엄마는 민석이와 병원에 상담도 다녔습니다. 민석이와 몇 번 상담해 본 의사 선생님은 이렇게 말했습니다.

"민석이 아빠는 아주 바쁘신가 봐요."

"네? 그게 무슨……."

엄마는 갑작스런 질문에 놀라서 되물었습니다.

"제 생각에는 그리 큰 문제는 아니니까 민석이가 아빠랑 자주 이야기를 나누고 여행도 가보면 좋을 것 같습니다. 아니면 쉽게 매일 산책이라도 하던가요."

"산책이오?"

엄마는 의사 선생님의 말이 이상했지만, 그 말을 그대로 아빠에게 전했습니다. 그로부터 며칠 후 아빠가 엄마에게 말했습니다.

"우리 이사를 가도록 합시다. 민석이 전학도 시키고. 그동안 내가 민석이에게 너무 신경을 못 썼어. 이 동네에서 좀 멀리 떨어지고, 이왕이면 한강이 보이는 탁 트인 곳으로 말이오."

이사를 한 이후 민석이와 아빠는 저녁을 먹고 나면 두 손을 꼭 잡고 한강변을 산책했습니다. 처음엔 두 사람 모두 많이 어색하고 불편해 아무 말도 없이 걷기만 했지만, 시간이 지나면서 차츰 민석이는 이런 저런 이야기를 아빠와 나누게 되었습니다.

"아빠의 두툼한 손을 잡으면 왠지 마음이 푸근해져."

어느 날 산책하면서 민석이가 이렇게 말하자, 아빠는 너무나 기뻐 민석이를 꼭 껴안아 주었습니다.

"그래, 민석아. 아빠가 있으니 아무것도 걱정하지 말아라. 그동안 아빠가 못 해준 거 모두 다 해줄 테니 말이야. 그리고 화나고 속상한 일 있으면 아빠에게 다 말해. 우리 같이 한강에 대고 실컷 소리친 다음, 같이 잊어 버리는 거야. 알았지?"

민석이와 아빠의 얼굴 뒤로 둥근 달이 휘영청 떠오르고 있었습니다.

　서양에서 사람들이 악수를 하기 시작한 건 서로가 무기를 가지고 있지 않다는 걸 증명해 보이기 위해서였다고 합니다. 우리는 친구와 화해할 때도 손을 내밀고, 어려움에 처한 사람에게도 '손을 내민다'는 표현을 씁니다. 이 때의 손은 아무것도 없는, 아무것도 들지 않은 손이지요. 뭔가를 들고 있으면, 또 가지고 있으면 다른 사람에게 손을 내어 줄 수 없으니까요. 그러므로 빈 손은 평화와 협상 그리고 나눔의 표시도 되는 셈입니다.
　즉, 손을 내밀어 서로 꼭 잡고 걷는다는 것은 두 사람의 보이지 않는 대화인 것입니다. 마음에 담긴 사랑을 말로 자주 표현하는 것도 중요하지만, 따뜻하게 안아 주는 것, 서로의 손을 꼭 잡는 것 역시 큰 사랑의 표현이랍니다.

부모님께 하지 못한 이야기가 있나요?
이 곳에 적어 보고, 대화의 시간을 가져 보세요.

아침편지 고도원 선생님이 전하는
초등학생 때 부모님을 기쁘게 해드리는 17가지

초 판 1쇄 발행   2006년 3월 17일
개정판 1쇄 발행   2016년 8월 8일

엮은이 | 고도원
그린이 | 에듀팅
펴낸이 | 한순 이희섭
펴낸곳 | (주)도서출판 나무생각
편집 | 양미애 양예주
디자인 | 오은영
마케팅 | 박용상 이재석
출판등록 | 1999년 8월 19일 제1999-000112호
주소 | 서울특별시 마포구 월드컵로 70-4(서교동) 1F
전화 | 02)334-3339, 3308, 3361
팩스 | 02)334-3318
이메일 | tree3339@hanmail.net
홈페이지 | www.namubook.co.kr
트위터 | ID @namubook

ISBN 979-11-86688-53-3 73810

값은 뒤표지에 있습니다.
잘못된 책은 바꿔 드립니다.

이 도서의 국립중앙도서관 출판예정도서목록(CIP)은 서지정보유통지원시스템 홈페이지 (http://seoji.nl.go.kr)와 국가자료공동목록시스템(http://www.nl.go.kr/kolisnet)에서 이용하실 수 있습니다. (CIP제어번호: CIP2016018300)